CURSIVE
HANDWRITING

영어 필기체 잘난:체

영어 필기체 잘난:체

2014년 5월 21일 초판 1쇄
2021년 6월 11일 초판 23쇄

발행인	윤호병
책임 편집	김아인
편집	김영희
디자인	조숙희
경영기획	윤지혜
마케팅	김선민

발행처	BOGO Media® 주식회사 보고미디어
출판등록	2011년 4월 12일 제2014-000012호
주소	서울시 구로구 구로동 197-10 이앤씨벤처드림타워 2차 508호
전화	1544-7126
팩스	02-2278-8817
홈페이지	www.bogomedia.net

정가	5,500원
ISBN	979-11-85383-58-3 13740

ⓒ 주식회사 보고미디어, 2014
이 책은 저작권법에 따라 보호를 받는 저작물이므로 무단복제와 무단전재는 법으로 금지되어 있습니다.
이 책 내용의 전부 또는 일부를 이용하려면 반드시 주식회사 보고미디어의 서면동의를 받아야 합니다.

잘못된 책은 구입하신 곳에서 교환해 드립니다.

Contents

01 Warm-up	08
02 시작하는 모양에 따른 분류	10
03 끝나는 모양에 따른 분류	11
04 알파벳별 필기체 연습	12
05 자주 사용하는 조합: 접두사	40
06 자주 사용하는 조합: 접미사	44
07 단어 연습: 나라와 수도 이름	50
08 단어 연습: 남자 이름	54
09 단어 연습: 여자 이름	58
10 생활 숙어 연습	64
11 문장 연습: 인사 및 축하	72
12 문장 연습: 생활 영어	76
13 문장 연습: 속담	82
14 장문 연습	90

이 책의 활용 방법

1. 영어 필기체는 주로 경사진 곡선으로 이루어져 있습니다. 가장 먼저 직선과 곡선에 익숙해지도록 충분히 연습을 합니다.

2. 필기체 연습에서 가장 중요한 부분은 '이어쓰기'입니다. 문자마다 어떤 모양으로 시작하고 어떤 모양으로 끝나는지를 파악하여 자연스럽게 연결할 수 있도록 합니다.

3. 긴 단어의 경우 자주 사용되는 조합이 있습니다. 특히 접두사와 접미사와 같이 자주 사용되는 조합을 연습하여 긴 단어도 리듬감 있게 쓸 수 있도록 합니다.

4. 나라·수도 이름을 연습하면서 상식도 키울 수 있도록 합니다.

5. 단어 연습에 익숙해진 후 생활 속에서 활용이 가능한 숙어와 문장을 통해 필기체를 완성할 수 있도록 합니다.

6. 우리에게 친숙한 이솝우화 두 편을 통해 장문 필기체도 써보도록 합니다.

이 책으로 필기체를 연습한 후 달라진 자신의 실력을 확인하세요.

Practice makes perfect.

Practice makes perfect.
연습이 완벽을 만든다.

[연습 전]

[연습 후]

Uppercase Letters

A	B	C	D
$\mathcal{A}$	$\mathcal{B}$	$\mathcal{C}$	$\mathcal{D}$

E	F	G	H
$\mathcal{E}$	$\mathcal{F}$	$\mathcal{G}$	$\mathcal{H}$

I	J	K	L
$\mathcal{I}$	$\mathcal{J}$	$\mathcal{K}$	$\mathcal{L}$

M	N	O	P
$\mathcal{M}$	$\mathcal{N}$	$\mathcal{O}$	$\mathcal{P}$

Q	R	S	T
$\mathcal{Q}$	$\mathcal{R}$	$\mathcal{S}$	$\mathcal{T}$

U	V	W	X
$\mathcal{U}$	$\mathcal{V}$	$\mathcal{W}$	$\mathcal{X}$

Y	Z
$\mathcal{Y}$	$\mathcal{Z}$

Lowercase Letters

a	b	c	d
a	*b*	*c*	*d*

e	f	g	h
e	*f*	*g*	*h*

i	j	k	l
i	*j*	*k*	*l*

m	n	o	p
m	*n*	*o*	*p*

q	r	s	t
q	*r*	*s*	*t*

u	v	w	x
u	*v*	*w*	*x*

y	z		
y	*z*		

01 Warm-up

✏️ 선과 곡선을 따라 그리면서 충분히 익숙해지도록 연습하세요.

Warm-up

02 시작하는 모양에 따른 분류

알파벳 소문자는 시작하는 모양에 따라 '올려쓰기', '굽어내려쓰기', '굽어올려쓰기' 세 가지 형태로 분류가 가능합니다.
유형별 특성을 파악하여 익숙해지도록 연습하세요.

올려쓰기
'올려쓰기'로 시작하는 소문자들을 확인하고 따라 써보세요.

b e f h i j k l p r s t u w

굽어내려쓰기
'굽어내려쓰기'로 시작하는 소문자들을 확인하고 따라 써보세요.

a c d g o q

굽어올려쓰기
'굽어올려쓰기'로 시작하는 소문자들을 확인하고 따라 써보세요.

m n v x y z

REVIEW EXERCISES

'올려쓰기'로 시작하는 문자를 찾아 따라 써보세요

a b c d e f g h i j k l m n o p q r s t u v w x y z

'굽어내려쓰기'로 시작하는 문자를 찾아 따라 써보세요.

a b c d e f g h i j k l m n o p q r s t u v w x y z

'굽어올려쓰기'로 시작하는 문자를 찾아 따라 써보세요.

a b c d e f g h i j k l m n o p q r s t u v w x y z

03 끝나는 모양에 따른 분류

알파벳 소문자는 끝나는 모양에 따라 '올려쓰기', '굽어올려쓰기', '짧게이어쓰기' 세 가지 형태로 분류가 가능합니다.
유형별 특성을 파악하여 익숙해지도록 연습하세요.

올려쓰기
'올려쓰기'로 끝나는 소문자들을 확인하고 따라 써보세요.

a c d e f h i k l m n p q r s t u x

a c d e f h i k l m n p q r s t u x

굽어올려쓰기
'굽어올려쓰기'로 끝나는 소문자들을 확인하고 따라 써보세요.

g j y z

g j y z

짧게이어쓰기
'짧게이어쓰기'로 끝나는 소문자들을 확인하고 따라 써보세요.

b o v w

b o v w

REVIEW EXERCISES

'올려쓰기'로 끝나는 문자를 찾아 따라 써보세요.

a b c d e f g h i j k l m n o p q r s t u v w x y z

'굽어올려쓰기'로 끝나는 소문자들을 확인하고 따라 써보세요.

a b c d e f g h i j k l m n o p q r s t u v w x y z

'짧게이어쓰기'로 끝나는 소문자들을 확인하고 따라 써보세요.

a b c d e f g h i j k l m n o p q r s t u v w x y z

04 알파벳별 필기체 연습

a a a   *a a a*

소문자 *a* 는 '굽어내려쓰기'로 시작하여 '올려쓰기'로 끝납니다.

🔗 **올려쓰기로 끝나는 'a'와 올려쓰기로 시작하는 'r'의 조합을 연습하세요.**

ar
ar

ar ar ar

arrow 화살
arrow

arrow arrow arrow

🔗 **올려쓰기로 끝나는 'a'와 굽어내려쓰기로 시작하는 'g'의 조합을 연습하세요.**

ag
ag

ag ag ag

age 나이, 연령
age

age age age

🔗 **올려쓰기로 끝나는 'a'와 굽어올려쓰기로 시작하는 'n'의 조합을 연습하세요.**

an
an

an an an

answer 대답하다
answer

answer answer answer

🔗 **자연스럽게 이어지지 않는 조합과 단어를 반복해서 연습하세요.**

Tip 알파벳 소문자 'a'와 'o'는 유사하여 혼동하기 쉽습니다. 차이를 확실히 구분할 수 있도록 합니다.

a a a a

o o o o

B	b

𝓑 𝓑 𝓑   𝓫 𝓫 𝓫

소문자 *b* 는 '올려쓰기'로 시작하여 '짧게이어쓰기'로 끝납니다.

🔗 짧게이어쓰기로 끝나는 'b'와 올려쓰기로 시작하는 'e'의 조합을 연습하세요.

be
be

be be be

bear 곰
bear

bear bear bear

🔗 짧게이어쓰기로 끝나는 'b'와 굽어내려쓰기로 시작하는 'a'의 조합을 연습하세요.

ba
ba

ba ba ba

baby 아기
baby

baby baby baby

🔗 짧게이어쓰기로 끝나는 'b'와 굽어올려쓰기로 시작하는 'y'의 조합을 연습하세요.

by
by

by by by

bye 안녕(헤어질 때)
bye

bye bye bye

🔗 자연스럽게 이어지지 않는 조합과 단어를 반복해서 연습하세요.

Tip 알파벳 소문자 'b'와 'f'는 유사하여 혼동하기 쉽습니다. 차이를 확실히 구분할 수 있도록 합니다.

b b b b

f f f f

C C C

c c c

C c
C c

소문자 c 는 '굽어내려쓰기'로 시작하여 '올려쓰기'로 끝납니다.

🔗 올려쓰기로 끝나는 'c'와 올려쓰기로 시작하는 'l'의 조합을 연습하세요.

cl
cl   cl cl cl

class 학급
class   class class class

🔗 올려쓰기로 끝나는 'c'와 굽어내려쓰기로 시작하는 'a'의 조합을 연습하세요.

ca
ca   ca ca ca

cap 모자
cap   cap cap cap

🔗 올려쓰기로 끝나는 'c'와 굽어올려쓰기로 시작하는 'y'의 조합을 연습하세요.

cy
cy   cy cy cy

cycle 자전거
cycle   cycle cycle cycle

🔗 자연스럽게 이어지지 않는 조합과 단어를 반복해서 연습하세요.

Tip 처음 필기체를 연습할 때는 가능한 천천히 쓰도록 하세요. 어느 정도 익숙해졌다 생각이 들면 그때부터 조금씩 쓰는 속도를 올리면 됩니다.

D D D

d d d

소문자 d 는 '굽어내려쓰기'로 시작하여 '올려쓰기'로 끝납니다.

🖉 올려쓰기로 끝나는 'd'와 올려쓰기로 시작하는 'u'의 조합을 연습하세요.

du
du

duck 오리
duck

du du du

duck duck duck

🖉 올려쓰기로 끝나는 'd'와 굽어내려쓰기로 시작하는 'o'의 조합을 연습하세요.

do
do

door 문
door

do do do

door door door

🖉 올려쓰기로 끝나는 'd'와 굽어올려쓰기로 시작하는 'y'의 조합을 연습하세요.

dy
dy

body 몸, 신체
body

dy dy dy

body body body

🖉 자연스럽게 이어지지 않는 조합과 단어를 반복해서 연습하세요.

Tip 알파벳 대문자 'D'과 'L'는 유사하여 혼동하기 쉽습니다. 차이를 확실히 구분할 수 있도록 합니다.

D

L

F F F

f f f

소문자 *f* 는 '올려쓰기'로 시작하여 '굽어올려쓰기'로 끝납니다.

✎ 굽어올려쓰기로 끝나는 'f'와 올려쓰기로 시작하는 'l'의 조합을 연습하세요.

| fl | fl fl fl |
| flower 꽃 | flower flower flower |

✎ 굽어올려쓰기로 끝나는 'f'와 굽어내려쓰기로 시작하는 'a'의 조합을 연습하세요.

| fa | fa fa fa |
| face 얼굴 | face face face |

✎ 굽어올려쓰기로 끝나는 'f'와 굽어올려쓰기로 시작하는 'y'의 조합을 연습하세요.

| fy | fy fy fy |
| defy 반항하다 | defy defy defy |

✎ 자연스럽게 이어지지 않는 조합과 단어를 반복해서 연습하세요.

Tip 알파벳 대문자 'F'과 'T'는 유사하여 혼동하기 쉽습니다. 차이를 확실히 구분할 수 있도록 합니다.

F F F F

T T T T

알파벳별 필기체 연습

G	g

G G G

g g g

소문자 *g*는 '굽어내려쓰기'로 시작하여 '굽어올려쓰기'로 끝납니다.

🖉 굽어올려쓰기로 끝나는 'g'와 올려쓰기로 시작하는 'r'의 조합을 연습하세요.

gr
gr

gr gr gr

grass 잔디
grass

grass grass grass

🖉 굽어올려쓰기로 끝나는 'g'와 굽어내려쓰기로 시작하는 'g'의 조합을 연습하세요.

gg
gg

gg gg gg

egg 알
egg

egg egg egg

🖉 굽어올려쓰기로 끝나는 'g'와 굽어올려쓰기로 시작하는 'y'의 조합을 연습하세요.

gy
gy

gy gy gy

energy 활기, 기운
energy

energy energy energy

🖉 자연스럽게 이어지지 않는 조합과 단어를 반복해서 연습하세요.

Tip 알파벳 대문자 'G'과 'S'는 유사하여 혼동하기 쉽습니다. 차이를 확실히 구분할 수 있도록 합니다.

G

S

H H H

h h h

소문자 *h* 는 '올려쓰기'로 시작하여 '올려쓰기'로 끝납니다.

🔗 올려쓰기로 끝나는 'h'와 올려쓰기로 시작하는 'u'의 조합을 연습하세요.

hu
hu hu hu

hut 오두막
hut hut hut

🔗 올려쓰기로 끝나는 'h'와 굽어내려쓰기로 시작하는 'o'의 조합을 연습하세요.

ho
ho ho ho

house 집
house house house

🔗 올려쓰기로 끝나는 'h'와 굽어올려쓰기로 시작하는 'y'의 조합을 연습하세요.

hy
hy hy hy

trophy 트로피
trophy trophy trophy

🔗 자연스럽게 이어지지 않는 조합과 단어를 반복해서 연습하세요.

Tip 알파벳 소문자 'h'과 'k'는 유사하여 혼동하기 쉽습니다. 차이를 확실히 구분할 수 있도록 합니다.

h h h h

k k k k

알파벳별 필기체 연습

il il il

i i i

소문자 *i*는 '올려쓰기'로 시작하여 '올려쓰기'로 끝납니다.

✏️ 올려쓰기로 끝나는 'i'와 올려쓰기로 시작하는 'l'의 조합을 연습하세요.

| il | *il il il* |
| mail 우편 | *mail mail mail* |

✏️ 올려쓰기로 끝나는 'i'와 굽어내려쓰기로 시작하는 'g'의 조합을 연습하세요.

| ig | *ig ig ig* |
| igloo 이글루 | *igloo igloo igloo* |

✏️ 올려쓰기로 끝나는 'i'와 굽어올려쓰기로 시작하는 'n'의 조합을 연습하세요.

| in | *in in in* |
| train 기차 | *train train train* |

✏️ 자연스럽게 이어지지 않는 조합과 단어를 반복해서 연습하세요.

Tip 필기체로 쓸 때는 펜과 손의 각도 그리고 자세를 항상 같도록 유지하면서 일정한 기울기로 글씨를 쓰도록 합니다.

J J J

J j
J j

j j j

소문자 *j* 는 '올려쓰기'로 시작하여 '굽어올려쓰기'로 끝납니다.

✏️ 굽어올려쓰기로 끝나는 'j'와 올려쓰기로 시작하는 'e'의 조합을 연습하세요.

je
je

je je je

jewel 보석
jewel

jewel jewel jewel

✏️ 굽어올려쓰기로 끝나는 'j'와 굽어내려쓰기로 시작하는 'o'의 조합을 연습하세요.

jo
jo

jo jo jo

job 일, 직장
job

job job job

✏️ 자연스럽게 이어지지 않는 조합과 단어를 반복해서 연습하세요.

Tip 알파벳 소문자 i, j, t, x는 한 번에 이어 쓸 수 없습니다. 점과 선은 마지막에 처리하도록 합니다.

i i i i

j j j j

t t t t

x x x x

K K K

k k k

소문자 *k* 는 '올려쓰기'로 시작하여 '올려쓰기'로 끝납니다.

✏ 올려쓰기로 끝나는 'k'와 올려쓰기로 시작하는 'e'의 조합을 연습하세요.

| ke |
| ke |

ke ke ke

| key 열쇠 |
| key |

key key key

✏ 올려쓰기로 끝나는 'k'와 굽어내려쓰기로 시작하는 'o'의 조합을 연습하세요.

| ko |
| ko |

ko ko ko

| koala 코알라 |
| koala |

koala koala koala

✏ 올려쓰기로 끝나는 'k'와 굽어올려쓰기로 시작하는 'y'의 조합을 연습하세요.

| ky |
| ky |

ky ky ky

| sky 하늘 |
| sky |

sky sky sky

✏ 자연스럽게 이어지지 않는 조합과 단어를 반복해서 연습하세요.

Tip 필기체로 쓸 때는 글자의 높이는 일정하게, 글자 사이와 단어 사이의 간격은 적당하게 유지하도록 합니다.

L L L

l l l

L	l
L	*l*

소문자 *l* 은 '올려쓰기'로 시작하여 '올려쓰기'로 끝납니다.

🖉 올려쓰기로 끝나는 'l'과 올려쓰기로 시작하는 'u'의 조합을 연습하세요.

lu
lu

lu lu lu

lunch 점심
lunch

lunch lunch lunch

🖉 올려쓰기로 끝나는 'l'과 굽어내려쓰기로 시작하는 'a'의 조합을 연습하세요.

la
la

la la la

land 육지, 땅
land

land land land

🖉 올려쓰기로 끝나는 'l'과 굽어올려쓰기로 시작하는 'm'의 조합을 연습하세요.

lm
lm

lm lm lm

film 영화
film

film film film

🖉 자연스럽게 이어지지 않는 조합과 단어를 반복해서 연습하세요.

알파벳별 필기체 연습

m m m

m m m

M	m
m	*m*

소문자 *m* 은 '굽어올려쓰기'로 시작하여 '올려쓰기'로 끝납니다.

🔗 올려쓰기로 끝나는 'm'과 올려쓰기로 시작하는 'u'의 조합을 연습하세요.

mu
mu

mu mu mu

music 음악
music

music music music

🔗 올려쓰기로 끝나는 'm'과 굽어내려쓰기로 시작하는 'o'의 조합을 연습하세요.

mo
mo

mo mo mo

model 모델
model

model model model

🔗 올려쓰기로 끝나는 'm'과 굽어올려쓰기로 시작하는 'm'의 조합을 연습하세요.

mm
mm

mm mm mm

dummy 인체 모형, 모조품
dummy

dummy dummy dummy

🔗 자연스럽게 이어지지 않는 조합과 단어를 반복해서 연습하세요.

Tip 알파벳 소문자 'm'과 'n'은 유사하여 혼동하기 쉽습니다. 차이를 확실히 구분할 수 있도록 합니다.

m m m m

n n n n

n n n

n n n

소문자 *n* 은 '굽어올려쓰기'로 시작하여 '올려쓰기'로 끝납니다.

✏️ 올려쓰기로 끝나는 'n'과 올려쓰기로 시작하는 'e'의 조합을 연습하세요.

ne
ne

ne ne ne

news 뉴스
news

news news news

✏️ 올려쓰기로 끝나는 'n'과 굽어내려쓰기로 시작하는 'a'의 조합을 연습하세요.

na
na

na na na

name 이름
name

name name name

✏️ 올려쓰기로 끝나는 'n'과 굽어올려쓰기로 시작하는 'y'의 조합을 연습하세요.

ny
ny

ny ny ny

pony 조랑말
pony

pony pony pony

✏️ 자연스럽게 이어지지 않는 조합과 단어를 반복해서 연습하세요.

알파벳별 필기체 연습

P P P

p p p

소문자 *p* 는 '올려쓰기'로 시작하여 '올려쓰기'로 끝납니다.

🔗 올려쓰기로 끝나는 'p'와 올려쓰기로 시작하는 'l'의 조합을 연습하세요.

pl
pl

pl pl pl

plant 식물
plant

plant plant plant

🔗 올려쓰기로 끝나는 'p'와 굽어내려쓰기로 시작하는 'a'의 조합을 연습하세요.

pa
pa

pa pa pa

park 공원
park

park park park

🔗 올려쓰기로 끝나는 'p'와 굽어올려쓰기로 시작하는 'y'의 조합을 연습하세요.

py
py

py py py

spy 스파이
spy

spy spy spy

🔗 자연스럽게 이어지지 않는 조합과 단어를 반복해서 연습하세요.

Q	q

소문자 q 는 '굽어내려쓰기'로 시작하여 '올려쓰기'로 끝납니다.

🖉 올려쓰기로 끝나는 'q'와 올려쓰기로 시작하는 'u'의 조합을 연습하세요.

qu
qu

queen 여왕
queen

🖉 'q'가 포함된 다양한 단어를 연습하세요.

quality 질, 특성
quality

quick 빠른, 급속한
quick

quarrel 싸움, 말 다툼
quarrel

quite 아주, 완전히
quite

🖉 자연스럽게 이어지지 않는 조합과 단어를 반복해서 연습하세요.

Tip 알파벳 소문자 'q'와 'g'는 유사하여 혼동하기 쉽습니다. 차이를 확실히 구분할 수 있도록 합니다.

q
g

R R R

r r r

소문자 r은 '올려쓰기'로 시작하여 '올려쓰기'로 끝납니다.

🔗 올려쓰기로 끝나는 'r'과 올려쓰기로 시작하는 'u'의 조합을 연습하세요.

ru
ru

ru ru ru

rugby 럭비
rugby

rugby rugby rugby

🔗 올려쓰기로 끝나는 'r'과 굽어내려쓰기로 시작하는 'a'의 조합을 연습하세요.

ra
ra

ra ra ra

rain 비
rain

rain rain rain

🔗 올려쓰기로 끝나는 'r'과 굽어올려쓰기로 시작하는 'y'의 조합을 연습하세요.

ry
ry

ry ry ry

try 노력하다
try

try try try

🔗 자연스럽게 이어지지 않는 조합과 단어를 반복해서 연습하세요.

Tip 알파벳 소문자 'r'과 's'는 유사하여 혼동하기 쉽습니다. 차이를 확실히 구분할 수 있도록 합니다.

r r r r

s s s s

S	s

소문자 *s* 는 '올려쓰기'로 시작하여 '올려쓰기'로 끝납니다.

✏️ 올려쓰기로 끝나는 's'와 올려쓰기로 시작하는 'e'의 조합을 연습하세요.

se
se

se se se

sea 바다
sea

sea sea sea

✏️ 올려쓰기로 끝나는 's'와 굽어내려쓰기로 시작하는 'o'의 조합을 연습하세요.

so
so

so so so

son 아들
son

son son son

✏️ 올려쓰기로 끝나는 's'와 굽어올려쓰기로 시작하는 'y'의 조합을 연습하세요.

sy
sy

sy sy sy

syrup 시럽
syrup

syrup syrup syrup

✏️ 자연스럽게 이어지지 않는 조합과 단어를 반복해서 연습하세요.

T T T

t t t

T t
T t

소문자 *t* 는 '올려쓰기'로 시작하여 '올려쓰기'로 끝납니다.

🖉 올려쓰기로 끝나는 't'와 올려쓰기로 시작하는 'h'의 조합을 연습하세요.

th
th

th th th

earth 지구
earth

earth earth earth

🖉 올려쓰기로 끝나는 't'와 굽어내려쓰기로 시작하는 'o'의 조합을 연습하세요.

to
to

to to to

tooth 이, 치아
tooth

tooth tooth tooth

🖉 올려쓰기로 끝나는 't'와 굽어올려쓰기로 시작하는 'y'의 조합을 연습하세요.

ty
ty

ty ty ty

type 유형, 종류
type

type type type

🖉 자연스럽게 이어지지 않는 조합과 단어를 반복해서 연습하세요.

알파벳별 필기체 연습

U U U

u u u

소문자 *u* 는 앞 문자와 연결될 때 '올려쓰기'로 시작하여 '올려쓰기'로 끝납니다.

🖉 올려쓰기로 끝나는 'u'와 올려쓰기로 시작하는 'r'의 조합을 연습하세요.

ur
ur

ur ur ur

uranium 우라늄
uranium

uranium uranium uranium

🖉 올려쓰기로 끝나는 'u'와 굽어올려쓰기로 시작하는 'm'의 조합을 연습하세요.

um
um

um um um

album 앨범
album

album album album

🖉 'u'가 포함된 다양한 단어를 연습하세요.

usually 보통, 대개
usually

usually usually usually

unique 독특한
unique

unique unique unique

flu 독감
flu

flu flu flu

🖉 자연스럽게 이어지지 않는 조합과 단어를 반복해서 연습하세요.

소문자 *v* 는 '굽어올려쓰기'로 시작하여 '짧게이어쓰기'로 끝납니다.

✎ 짧게이어쓰기로 끝나는 'v'와 올려쓰기로 시작하는 'i'의 조합을 연습하세요.

- vi
- violin 바이올린

✎ 짧게이어쓰기로 끝나는 'v'와 굽어내려쓰기로 시작하는 'o'의 조합을 연습하세요.

- vo
- vote 표, 투표

✎ 짧게이어쓰기로 끝나는 'v'와 굽어올려쓰기로 시작하는 'y'의 조합을 연습하세요.

- vy
- navy 해군

✎ 자연스럽게 이어지지 않는 조합과 단어를 반복해서 연습하세요.

w w w

w w w

W	w
W	*w*

소문자 *w* 는 앞 문자와 연결될 때 '올려쓰기'로 시작하여 '짧게이어쓰기'로 끝납니다.

🔗 짧게이어쓰기로 끝나는 'w'와 올려쓰기로 시작하는 'h'의 조합을 연습하세요.

wh
wh   *wh wh wh*

whale 고래
whale   *whale whale whale*

🔗 짧게이어쓰기로 끝나는 'w'와 굽어내려쓰기로 시작하는 'a'의 조합을 연습하세요.

wa
wa   *wa wa wa*

water 물
water   *water water water*

🔗 짧게이어쓰기로 끝나는 'w'와 굽어올려쓰기로 시작하는 'y'의 조합을 연습하세요.

wy
wy   *wy wy wy*

dewy 이슬에 젖은
dewy   *dewy dewy dewy*

🔗 자연스럽게 이어지지 않는 조합과 단어를 반복해서 연습하세요.

Tip 알파벳 소문자 'w'와 'u'는 유사하여 혼동하기 쉽습니다. 차이를 확실히 구분할 수 있도록 합니다.

w w w w w

u u u u u

X X X

x x x

소문자 *x* 는 '굽어올려쓰기'로 시작하여 '올려쓰기'로 끝납니다.

🖉 올려쓰기로 끝나는 'x'와 올려쓰기로 시작하는 'e'의 조합을 연습하세요.

xe
xe

xe xe xe

axe 도끼
axe

axe axe axe

🖉 올려쓰기로 끝나는 'x'와 굽어올려쓰기로 시작하는 'y'의 조합을 연습하세요.

xy
xy

xy xy xy

oxygen 공기
oxygen

oxygen oxygen oxygen

🖉 'x'가 포함된 다양한 단어를 연습하세요.

fox 여우
fox

fox fox fox

box 상자
box

box box box

complex 복잡한
complex

complex complex complex

🖉 자연스럽게 이어지지 않는 조합과 단어를 반복해서 연습하세요.

알파벳별 필기체 연습

y y y

y y y

소문자 y 는 '굽어올려쓰기'로 시작하여 '굽어올려쓰기'로 끝납니다.

Y Y
y y

🔗 굽어올려쓰기로 끝나는 'y'와 올려쓰기로 시작하는 'e'의 조합을 연습하세요.

ye
ye   *ye ye ye*

yellow 노란색
yellow   *yellow yellow yellow*

🔗 굽어올려쓰기로 끝나는 'y'와 굽어내려쓰기로 시작하는 'o'의 조합을 연습하세요.

yo
yo   *yo yo yo*

yoga 요가
yoga   *yoga yoga yoga*

🔗 굽어올려쓰기로 끝나는 'y'와 굽어올려쓰기로 시작하는 'm'의 조합을 연습하세요.

ym
ym   *ym ym ym*

gym 체육관
gym   *gym gym gym*

🔗 자연스럽게 이어지지 않는 조합과 단어를 반복해서 연습하세요.

Tip 알파벳 소문자 'y'와 'z'는 유사하여 혼동하기 쉽습니다. 차이를 확실히 구분할 수 있도록 합니다.

y   y y y
z   z z z

z z z

z z z

Z z

소문자 z 는 '올려쓰기'로 시작하여 '굽어올려쓰기'로 끝납니다.

🔗 굽어올려쓰기로 끝나는 'z'와 올려쓰기로 시작하는 'e'의 조합을 연습하세요.

ze
ze

ze ze ze

zebra 얼룩말
zebra

zebra zebra zebra

🔗 굽어올려쓰기로 끝나는 'z'와 굽어내려쓰기로 시작하는 'o'의 조합을 연습하세요.

zo
zo

zo zo zo

zoo 동물원
zoo

zoo zoo zoo

🔗 'z'가 포함된 다양한 단어를 연습하세요.

zipper 지퍼
zipper

zipper zipper zipper

zone 지역
zone

zone zone zone

pizza 피자
pizza

pizza pizza pizza

🔗 자연스럽게 이어지지 않는 조합과 단어를 반복해서 연습하세요.

알파벳별 필기체 연습

REVIEW EXERCISES

대문자와 소문자를 올바르게 연결하세요.

G	j
N	r
T	f
Z	g
O	q
F	s
L	t
R	z
J	n
S	o

✏️ 알파벳 a부터 z까지 한 번에 이어서 써보세요.

abcdefghijklmnopqrstuvwxyz

abcdefghijklmnopqrstuvwxyz

abcdefghijklmnopqrstuvwxyz

abcdefghijklmnopqrstuvwxyz

05 자주 사용하는 조합: 접두사

✎ 접두사 'fore-'로 시작하는 단어를 연습하세요.

| foresee 예견하다 |
| *foresee* |
| forecast 예측하다 |
| *forecast* |

fore
foresee
forecast

✎ 접두사 'mis-'로 시작하는 단어를 연습하세요.

| mistake 실수 |
| *mistake* |
| misjudge 잘못 판단하다 |
| *misjudge* |

mis
mistake
misjudge

✎ 접두사 'dis-'로 시작하는 단어를 연습하세요.

| disappear 사라지다 |
| *disappear* |
| discover 발견하다 |
| *discover* |

dis
disappear
discover

✎ 접두사 'inter-'로 시작하는 단어를 연습하세요.

| international 국제적인 |
| *international* |
| interrupt 방해하다 |
| *interrupt* |

inter
international
interrupt

✎ 자연스럽게 이어지지 않는 조합과 단어를 반복해서 연습하세요.

✎ 접두사 'non-'로 시작하는 단어를 연습하세요.

nonfiction 실화
nonfiction

nonsense 터무니없는 생각(말)
nonsense

non

nonfiction

nonsense

✎ 접두사 'post-'로 시작하는 단어를 연습하세요.

postpone 미루다
postpone

postscript (편지의) 추신
postscript

post

postpone

postscript

✎ 접두사 'pro-'로 시작하는 단어를 연습하세요.

propose 제안하다
propose

produce 생산하다
produce

pro

propose

produce

✎ 접두사 'pre-'로 시작하는 단어를 연습하세요.

predict 예언하다
predict

prepare 준비하다
prepare

pre

predict

prepare

✎ 자연스럽게 이어지지 않는 조합과 단어를 반복해서 연습하세요.

자주 사용하는 조합: 접두사

◆ 접두사 're-'로 시작하는 단어를 연습하세요.

| review 재검토하다 |
| *review* |
| recover 회복하다 |
| *recover* |

◆ 접두사 'with-'로 시작하는 단어를 연습하세요.

| withstand 견뎌(이겨)내다 |
| *withstand* |
| withhold 보류하다 |
| *withhold* |

◆ 접두사 'over-'로 시작하는 단어를 연습하세요.

| overcome 극복하다 |
| *overcome* |
| overlook 내려다보다, 간과하다 |
| *overlook* |

◆ 접두사 'up-'로 시작하는 단어를 연습하세요.

| upset 속상하게 만들다 |
| *upset* |
| update 갱신하다 |
| *update* |

◆ 자연스럽게 이어지지 않는 조합과 단어를 반복해서 연습하세요.

접두사 'de–'로 시작하는 단어를 연습하세요.

define 정의하다, 규정하다
define

desire 욕구, 갈망
desire

접두사 'in–'로 시작하는 단어를 연습하세요.

income 수입, 소득
income

include 포함하다
include

접두사 'ex–'로 시작하는 단어를 연습하세요.

export 수출하다
export

exchange 교환하다
exchange

접두사 'out–'로 시작하는 단어를 연습하세요.

outcome 결과
outcome

outline 윤곽, 개요
outline

자연스럽게 이어지지 않는 조합과 단어를 반복해서 연습하세요.

06 자주 사용하는 조합: 접미사

🖉 접미사 '-ment'로 끝나는 단어를 연습하세요.

| agreement 동의 |
| *agreement* |
| development 발달 |
| *development* |

ment
agreement
development

🖉 접미사 '-tion'로 끝나는 단어를 연습하세요.

| composition 구성 |
| *composition* |
| suggestion 제안 |
| *suggestion* |

tion
composition
suggestion

🖉 접미사 '-ship'로 끝나는 단어를 연습하세요.

| friendship 우정 |
| *friendship* |
| membership 회원 |
| *membership* |

ship
friendship
membership

🖉 접미사 '-hood'로 끝나는단어를 연습하세요.

| childhood 어린 시절 |
| *childhood* |
| neighborhood 이웃 |
| *neighborhood* |

hood
childhood
neighborhood

🖉 자연스럽게 이어지지 않는 조합과 단어를 반복해서 연습하세요.

✏️ 접미사 '-ing'로 끝나는 단어를 연습하세요.

crying 울기
crying

beginning 시작
beginning

ing

crying

beginning

✏️ 접미사 '-ance'로 끝나는 단어를 연습하세요.

appearance 외모
appearance

importance 중요성
importance

ance

appearance

importance

✏️ 접미사 '-ence'로 끝나는 단어를 연습하세요.

excellence 뛰어남
excellence

difference 차이
difference

ence

excellence

difference

✏️ 접미사 '-ous'로 끝나는 단어를 연습하세요.

dangerous 위험한
dangerous

glamorous 관능적인
glamorous

ous

dangerous

glamorous

✏️ 자연스럽게 이어지지 않는 조합과 단어를 반복해서 연습하세요.

자주 사용하는 조합: 접미사

📎 접미사 '-ful'로 끝나는 단어를 연습하세요.

beautiful 아름다운
beautiful

wonderful 훌륭한
wonderful

📎 접미사 '-less'로 끝나는 단어를 연습하세요.

hopeless 절망적인
hopeless

joyless 기쁘지 않은
joyless

📎 접미사 '-able'로 끝나는 단어를 연습하세요.

enjoyable 즐거운
enjoyable

respectable 존경할 만한
respectable

📎 접미사 '-ly'로 끝나는 단어를 연습하세요.

actually 실제로
actually

happily 행복하게
happily

📎 자연스럽게 이어지지 않는 조합과 단어를 반복해서 연습하세요.

📎 접미사 '-ness'로 끝나는 단어를 연습하세요.

| kindness 친절함 |
| *kindness* |
| weakness 약함, 약점 |
| *weakness* |

ness
kindness
weakness

📎 접미사 '-al'로 끝나는 단어를 연습하세요.

| arrival 도착 |
| *arrival* |
| proposal 제안 |
| *proposal* |

al
arrival
proposal

📎 접미사 '-ize'로 끝나는 단어를 연습하세요.

| civilize 문명화하다 |
| *civilize* |
| realize 깨닫다, 실현하다 |
| *realize* |

ize
civilize
realize

📎 접미사 '-ish'로 끝나는 단어를 연습하세요.

| foolish 바보 같은, 어리석은 |
| *foolish* |
| selfish 이기적인 |
| *selfish* |

ish
foolish
selfish

📎 자연스럽게 이어지지 않는 조합과 단어를 반복해서 연습하세요.

자주 사용하는 조합: 접미사

REVIEW EXERCISES

접두사가 붙은 단어들의 인쇄체를 보고 필기체를 써보세요.

forecast

discover

international

postpone

propose

prepare

update

exchange

접미사가 붙은 단어들의 인쇄체를 보고 필기체를 써보세요.

development

suggestion

beginning

dangerous

wonderful

enjoyable

proposal

foolish

07 단어 연습: 나라와 수도 이름

✎ 나라와 수도 이름을 연습하세요.

Australia 오스트레일리아
Australia

Canberra 캔버라
Canberra

Brazil 브라질
Brazil

Brasilia 브라질리아
Brasilia

Canada 캐나다
Canada

Ottawa 오타와
Ottawa

China 중국
China

Beijing 베이징
Beijing

Czech 체코
Czech

Praha 프라하
Praha

✎ 자연스럽게 이어지지 않는 조합과 단어를 반복해서 연습하세요.

Egypt 이집트
Egypt

Cairo 카이로
Cairo

France 프랑스
France

Paris 파리
Paris

Germany 독일
Germany

Berlin 베를린
Berlin

Greece 그리스
Greece

Athens 아테네
Athens

India 인도
India

New Delhi 뉴델리
New Delhi

✏️ 자연스럽게 이어지지 않는 조합과 단어를 반복해서 연습하세요.

단어 연습: 나라와 수도 이름

📎 나라와 수도 이름을 연습하세요.

| Italy 이탈리아 |
| *Italy* |
| Rome 로마 |
| *Rome* |

Italy

Rome

| Japan 일본 |
| *Japan* |
| Tokyo 동경 |
| *Tokyo* |

Japan

Tokyo

| Kenya 케냐 |
| *Kenya* |
| Nairobi 나이로비 |
| *Nairobi* |

Kenya

Nairobi

| Korea 대한민국 |
| *Korea* |
| Seoul 서울 |
| *Seoul* |

Korea

Seoul

| Norway 노르웨이 |
| *Norway* |
| Oslo 오슬로 |
| *Oslo* |

Norway

Oslo

📎 자연스럽게 이어지지 않는 조합과 단어를 반복해서 연습하세요.

Philippines 필리핀
Philippines

Manila 마닐라
Manila

Poland 폴란드
Poland

Warsaw 바르샤바
Warsaw

Portugal 포르투갈
Portugal

Lisbon 리스본
Lisbon

Russia 러시아
Russia

Moscow 모스크바
Moscow

Spain 스페인
Spain

Madrid 마드리드
Madrid

자연스럽게 이어지지 않는 조합과 단어를 반복해서 연습하세요.

08 단어 연습: 남자 이름

✏️ 다양한 남자 이름을 연습하세요.

Aaron
Aaron

애칭 : Aar, Aro, Ron

Andrew
Andrew

애칭 : Andy, Drew, Roo

Anthony
Anthony

애칭 : Tony, Toni, Antonio

Benjamin
Benjamin

애칭 : Benj, Benjy, Jamie

Brian
Brian

애칭 : Bri Bri

Charles
Charles

애칭 : Charlie, Chuck

Daniel
Daniel

애칭 : Danny, Dan

✏️ 자연스럽게 이어지지 않는 조합과 단어를 반복해서 연습하세요.

David
David
애칭 : Dave, Davy, Taffy

Dylan
Dylan
애칭 : Dyll, Daill, Dyl, Dil

Edward
Edward
애칭 : Eddie, Ward, Ned, Ted

Eric
Eric
애칭 : Ric, Rick

Evan
Evan
애칭 : Ev, Van, Evey

Henry
Henry
애칭 : Harry, Hen, Henz

Isaac
Isaac
애칭 : Ike, Ikey

✏️ 자연스럽게 이어지지 않는 조합과 단어를 반복해서 연습하세요.

🔗 다양한 남자 이름을 연습하세요.

| Jake | 애칭 : Jakey, Jakie, JJ |

Jake

| Jason | 애칭 : J, Jay, Jacey |

Jason

| Jeremy | 애칭 : Jerry, Jem |

Jeremy

| Julian | 애칭 : Ian, Jules, Julie, Jule, Jude |

Julian

| Justin | 애칭 : J, Juss, Justy, Jup, Jupper, Jup-Jup, Ju, JuJu-Bee |

Justin

| Kevin | 애칭 : Kev, K, Kip, Kevs, Vinny |

Kevin

| Matthew | 애칭 : Matt, Matty, Hugh |

Matthew

🔗 자연스럽게 이어지지 않는 조합과 단어를 반복해서 연습하세요.

Owen	애칭 : O, Ollie, Owie
Owen	*Owen*

Robert	애칭 : Bob, Bobby, Rob
Robert	*Robert*

Ryan	애칭 : Ry, Ry Guy, Renny
Ryan	*Ryan*

Samuel	애칭 : Sam, Sammy, Shmuel
Samuel	*Samuel*

Steven	애칭 : Stevovo, Stevo, Stevie
Steven	*Steven*

Tyler	애칭 : Ty, Ler, Ty Bug, Tyle
Tyler	*Tyler*

Vincent	애칭 : Vince, Vinnie, Vin, Chente, Vint, Vinny
Vincent	*Vincent*

✏️ 자연스럽게 이어지지 않는 조합과 단어를 반복해서 연습하세요.

단어 연습: 남자 이름

09 단어 연습: 여자 이름

✏️ 다양한 여자 이름을 연습하세요.

Amelia	애칭 : Amy, Mia, Mel, Lia, Millie, Mim
Angelina	애칭 : Angie, Lina, Nina, Ange, Angel
Anna	애칭 : Annie, Nan, Anya, Nana
Ashley	애칭 : Ash, Ashes, Shlay, Asha
Bella	애칭 : Belle, Bells, Ella, Ell, Elly
Camila	애칭 : Cammy, Cam, Cami, Camil, Camia, Milla
Charlotte	애칭 : Charo, Lottie, Lolly

✏️ 자연스럽게 이어지지 않는 조합과 단어를 반복해서 연습하세요.

Elizabeth	애칭 : Bess, Bessie, Betty, Ella
Ella	애칭 : Ellie, Elsa, Ells, El, Elsie, Nell, Nellie
Emily	애칭 : Em, Emmy, Emmie, Embers, Emmers, Ezzy, Emsie
Esther	애칭 : Estee, Hettie, Etta, Essie
Eva	애칭 : Evie, Evita
Evelyn	애칭 : Eve, Evie, Elle, Ella, Elsie, Els, Elf
Gabriella	애칭 : Bella, Gaby, Ella

✎ 자연스럽게 이어지지 않는 조합과 단어를 반복해서 연습하세요.

📎 다양한 여자 이름을 연습하세요.

Isabella
Isabella

애칭 : Bella, Isabel

Isabella

Jade
Jade

애칭 : Jady/Jadie/Jadey, Jay, Jada

Jade

Jasmine
Jasmine

애칭 : Jaz, Mina, Jace, Minnie, Jazster

Jasmine

Julia
Julia

애칭 : Julie, Jules, Jill, Jewel, Lia

Julia

Lauren
Lauren

애칭 : Laurie, Ren, Lo, Lala, Lulu, Lele

Lauren

Lillian
Lillian

애칭 : Lian, Lil, Lily, Lillie, Lilly

Lillian

Maria
Maria

애칭 : Mary, Ria, Mimi, Masha

Maria

📎 자연스럽게 이어지지 않는 조합과 단어를 반복해서 연습하세요.

| Nicole | 애칭 : Nik/Niki/Nicky/Nika |

Nicole

| Olivia | 애칭 : Lily, Livia, Libby, Liddy, Viv, Lulu |

Olivia

| Rachel | 애칭 : Rachie, Ray Ray, Shell, Chel |

Rachel

| Sarah | 애칭 : Sally, Sal, Sare, Sassy, Sarie |

Sarah

| Scarlett | 애칭 : Lettie, Letta, Carly, Scout |

Scarlett

| Sophia | 애칭 : Phia, Fia, Sonya |

Sophia

| Sophie | 애칭 : Soph, Sophie-bear, Slow-phie |

Sophie

자연스럽게 이어지지 않는 조합과 단어를 반복해서 연습하세요.

단어 연습: 여자 이름

REVIEW EXERCISES

✎ 해당 나라의 수도를 필기체로 써보세요.

Australia 오스트레일리아

China 중국

Egypt 이집트

Germany 독일

Italy 이탈리아

Norway 노르웨이

Russia 러시아

Spain 스페인

✎ 아래 수도를 보고 나라 이름을 필기체로 써보세요.

Brasilia 브라질리아

Ottawa 오타와

Praha 프라하

Paris 파리

Athens 아테네

Tokyo 도쿄

✎ 우리나라 이름과 수도를 영어 필기체로 써보세요.

10 생활 숙어 연습

✏️ 아래의 생활 숙어를 필기체로 쓰면서 학습해보세요.

spill the beans 비밀을 누설하다
spill the beans

eat humble pie 굴욕을 참다
eat humble pie

break the ice 서먹서먹한 분위기를 깨다
break the ice

call it a day 일을 마치다
call it a day

paint the town red 술 마시며 흥청대다
paint the town red

win by a nose 간발의 차이로 이기다
win by a nose

✏️ 자연스럽게 이어지지 않는 부분을 반복해서 연습하세요.

✎ 아래의 생활 숙어를 필기체로 쓰면서 학습해보세요.

cry wolf 도와 달라고 소란을 피우다
cry wolf

take a rain check 다음 기회로 미루다
take a rain check

pick up the tab 셈을 치르다
pick up the tab

get cold feet 덜컥 겁을 먹다
get cold feet

pop the question 프러포즈하다
pop the question

sit on the fence 중립적인 태도를 취하다
sit on the fence

✎ 자연스럽게 이어지지 않는 **부분**을 **반복**해서 연습하세요.

🔗 아래의 생활 숙어를 필기체로 쓰면서 학습해보세요.

play with fire 위험한 짓을 하다
play with fire

play with fire

bury the hatchet 화해하다
bury the hatchet

bury the hatchet

fit like a glove 맞춘 듯이 꼭 맞다
fit like a glove

fit like a glove

get the inside track 유리한 입장에 있다
get the inside track

get the inside track

lose face 체면을 잃다
lose face

lose face

bite the bullet 고통을 참다
bite the bullet

bite the bullet

🔗 자연스럽게 이어지지 않는 부분을 반복해서 연습하세요.

📝 아래의 생활 숙어를 필기체로 쓰면서 학습해보세요.

kick the bucket 죽다
kick the bucket

be in the hole 빚을 지고 있다
be in the hole

be in deep water 어려움에 빠져있다
be in deep water

get to the point 요점을 언급하다
get to the point

shop around 여러 군데 값을 알아보다
shop around

pay through the nose 터무니없는 돈을 치르다
pay through the nose

📝 자연스럽게 이어지지 않는 부분을 반복해서 연습하세요.

✏️ 아래의 생활 숙어를 필기체로 쓰면서 학습해보세요.

get the ball rolling 일을 시작하다
get the ball rolling

stick around 가지 않고 머무르다
stick around

get even with 복수하다, 앙갚음하다
get even with

turn the table 형세를 역전시키다
turn the table

cut corners 경비를 절감하다
cut corners

look the other way 모르는 척하다
look the other way

✏️ 자연스럽게 이어지지 않는 부분을 반복해서 연습하세요.

🖉 아래의 생활 숙어를 필기체로 쓰면서 학습해보세요.

over the hill 한물간
over the hill

face the music 잘못에 대해 책임을 지다
face the music

gear up 준비를 갖추다
gear up

jump the gun 섣불리 행동하다
jump the gun

tall story 거짓말 같은 이야기
tall story

have a big mouth 입이 싸다
have a big mouth

🖉 자연스럽게 이어지지 않는 부분을 반복해서 연습하세요.

REVIEW EXERCISES

✏️ 아래의 해석을 보고 빈 칸을 채운 후 숙어를 다시 써보세요.

| 서먹서먹한 분위기를 깨다 | break the ( ) |

| 간발의 차이로 이기다 | win by a ( ) |

| 다음 기회로 미루다 | take a ( ) check |

| 중립적인 태도를 취하다 | sit on the ( ) |

| 체면을 잃다 | lose ( ) |

| 어려움에 빠져있다 | be in deep ( ) |

| 터무니없는 돈을 치르다 | pay ( ) the nose |

| 일을 시작하다 | get the ( ) rolling |

가지 않고 머무르다	( ) around
경비를 절감하다	cut ( )
모르는 척하다	look the other ( )
잘못에 대해 책임을 지다	face the ( )
준비를 갖추다	( ) up
섣불리 행동하다	jump the ( )
거짓말 같은 이야기	( ) story
입이 싸다	have a ( ) mouth

11 문장 연습: 인사 및 축하

✎ 문장 연습을 하기 전에 단어를 따라 쓰면서 연습하세요.

Nice Nice meet meet

It's It's been been

wish wish luck luck

✎ 아래 제시 문장을 보고 따라 써보세요.

Nice to meet you. 만나 뵙게 되어 기쁩니다.
Nice to meet you.

How are you doing? 어떻게 지내세요?
How are you doing?

It's been a long time. 오랜만입니다.
It's been a long time.

I wish you good luck. 행운을 빕니다.
I wish you good luck.

✏️ 문장 연습을 하기 전에 단어를 따라 쓰면서 연습하세요.

Happy Happy birthday birthday
Merry Merry Christmas Christmas
New New Year Year

✏️ 아래 제시 문장을 보고 따라 써보세요.

Happy birthday to you. 생일 축하합니다.

Happy birthday to you.

Merry Christmas! 행복한 크리스마스 보내세요!

Merry Christmas!

Hope and love in your christmas time. 희망과 사랑이 가득한 크리스마스 보내세요.

Hope and love in your christmas time.

Happy New Year! 새해 복 많이 받으세요!

Happy New Year!

📎 문장 연습을 하기 전에 단어를 따라 쓰면서 연습하세요.

Blessing Blessing family family
Greeting Greeting
healthy healthy

📎 아래 제시 문장을 보고 따라 써보세요.

Blessing to you and your family on New Year. 새해에 당신과 당신의 가족을 축복해요.
Blessing to you and your family on New Year.

I want good luck to you in New Year. 새해에 당신에게 행운이 오기를 바랍니다.
I want good luck to you in New Year.

Season's Greetings! 즐거운 새해 맞기를!
Season's Greetings!

Stay healthy all the time and good luck to you. 항상 건강하고 행운이 함께하길 바랍니다
Stay healthy all the time and good luck to you.

✏ 문장 연습을 하기 전에 단어를 따라 쓰면서 연습하세요.

All All best best

happiness happiness

in the world in the world

✏ 아래 제시 문장을 보고 따라 써보세요.

All the best wishes for you and your family. 당신과 당신의 가족에게 모든 행복이 깃들길 바랍니다.
All the best wishes for you and your family.

Joy and happiness in your life! 당신의 삶에 즐거움과 행복만이 가득하길!
Joy and happiness in your life!

With all the best wishes! 최고의 소망을 담아서!
With all the best wishes!

Wish you all the happiness in the world. 세상의 모든 행복을 소망합니다.
Wish you all the happiness in the world.

12 문장 연습: 생활 영어

🖉 문장 연습을 하기 전에 단어를 따라 쓰면서 연습하세요.

I'll I'll there there
Don't Don't forget forget
hardly hardly know know

🖉 아래 제시 문장을 보고 따라 써보세요.

I'll meet you up there. 거기서 당신을 만날게요.
I'll meet you up there.

It turns out, you're right. 이제 보니 네가 옳았어.
It turns out, you're right.

Don't forget to attend the meeting. 회의에 참석하는 거 잊지 마.
Don't forget to attend the meeting.

They hardly know each other. 그들은 서로에 대해 잘 몰라.
They hardly know each other.

✎ 문장 연습을 하기 전에 단어를 따라 쓰면서 연습하세요.

get get something something

can't can't notice notice

just just imagination imagination

✎ 아래 제시 문장을 보고 따라 써보세요.

Let me get you something. 뭐 좀 가져다줄게.

Let me get you something.

I can't help but notice. 내가 알아차리지 않을 수가 없네요.

I can't help but notice.

You can just use your imagination. 네 상상력을 발휘해 봐.

You can just use your imagination.

What's the big hurry? 왜 그리 서둘러?

What's the big hurry?

✎ 문장 연습을 하기 전에 단어를 따라 쓰면서 연습하세요.

What's What's eating eating
Who Who texting texting
never never down down

✎ 아래 제시 문장을 보고 따라 써보세요.

What's eating you? 무슨 걱정이라도 있니?
What's eating you?

What is this I'm feeling? 이런 내 감정은 뭘까요?
What is this I'm feeling?

Who are you texting? 누구한테 문자 보내는 거니?
Who are you texting?

I never want to let you down. 당신을 결코 실망시키고 싶지 않아요.
I never want to let you down.

✏ 문장 연습을 하기 전에 단어를 따라 쓰면서 연습하세요.

Tell Tell won't won't
Don't Don't carried carried
taking taking yourself yourself

✏ 아래 제시 문장을 보고 따라 써보세요.

Tell him it won't be long. 그에게 오래 걸리지 않을 거라고 말해 주세요.
Tell him it won't be long.

Don't get carried away. 신경 쓰지 마.
Don't get carried away.

You are very good at taking care of yourself. 넌 너 자신을 참 잘 돌보지.
You are very good at taking care of yourself.

I'm all into him. 나 그에게 완전 푹 빠졌어.
I'm all into him.

✏️ 문장 연습을 하기 전에 단어를 따라 쓰면서 연습하세요.

you you kidding kidding

such such book book

weather weather fly fly

✏️ 아래 제시 문장을 보고 따라 써보세요.

Are you kidding? 지금 농담해?

Are you kidding?

I am such a fan of this book. 전 이 책을 아주 좋아해요.

I am such a fan of this book.

I can't stand this cold weather. 이렇게 추운 날씨는 이제 지긋지긋해.

I can't stand this cold weather.

I would fly away with you. 너와 함께 멀리 날아가고 싶어

I would fly away with you.

📎 문장 연습을 하기 전에 단어를 따라 쓰면서 연습하세요.

much much quickly quickly
tooth tooth food food
start start picky picky

📎 아래 제시 문장을 보고 따라 써보세요.

Time passes much too quickly. 시간이 너무 빨리 흘러가네요.
Time passes much too quickly.

My tooth hurts when I eat cold food. 차가운 음식을 먹으면 이가 시려.
My tooth hurts when I eat cold food.

I made up my mind to make a new start. 새로운 시작을 하기로 결심했어요.
I made up my mind to make a new start.

I'm picky when it comes to men. 난 남자 보는 눈이 까다로워.
I'm picky when it comes to men.

13 문장 연습: 속담

문장 연습을 하기 전에 단어를 따라 쓰면서 연습하세요.

love love choose choose
cough cough cannot cannot
hidden hidden shorten shorten

아래 제시 문장을 보고 따라 써보세요.

To love is to choose. 사랑하는 것은 선택하는 것이다.
To love is to choose.

Love and a cough cannot be hid. 사랑과 기침은 감춰지지 않는다.
Love and a cough cannot be hid.

Love knows hidden paths. 사랑이란 남이 모르는 숨겨진 오솔길을 알고 있는 것이다.
Love knows hidden paths.

Love shortens distance. 사랑은 거리를 단축시킨다.
Love shortens distance.

✎ 문장 연습을 하기 전에 단어를 따라 쓰면서 연습하세요.

Beauty Beauty beholder beholder
friend friend indeed indeed
Familiar Familiar path path

✎ 아래 제시 문장을 보고 따라 써보세요.

Beauty is in the eyes of the beholder. 아름다움은 보는 사람의 눈에 있다.
Beauty is in the eyes of the beholder.

A friend in need is a friend indeed. 어려울 때 친구가 진정한 친구다.
A friend in need is a friend indeed.

A friend is easier lost than found. 친구는 찾기보다 잃기가 쉽다.
A friend is easier lost than found.

Familiar paths and old friends are the best. 익숙한 길과 오래 된 친구가 가장 좋다.
Familiar paths and old friends are the best.

📎 문장 연습을 하기 전에 단어를 따라 쓰면서 연습하세요.

applaud applaud behind behind

lose lose win win

hardest hardest bottom bottom

📎 아래 제시 문장을 보고 따라 써보세요.

He is a good friend who applauds me behind. 뒤에서 칭찬해주는 이가 좋은 친구이다.

He is a good friend who applauds me behind.

To lose is to win. 지는 것이 이기는 것이다.

To lose is to win.

The best things are hardest to come by. 가장 좋은 것은 가장 얻기 어렵다.

The best things are hardest to come by.

The best fish swims near the bottom. 가장 좋은 고기는 물 밑바닥을 헤엄치고 있다.

The best fish swims near the bottom.

📝 문장 연습을 하기 전에 단어를 따라 쓰면서 연습하세요.

shut shut another another

Action Action word word

would would leap leap

📝 아래 제시 문장을 보고 따라 써보세요.

When one door shuts, another opens. 하나의 문이 닫힐 때 다른 문이 열린다.

When one door shuts, another opens.

Actions speak louder than words. 말보다 행동이 중요하다.

Actions speak louder than words.

If there is no wind, row. 바람이 없으면, 노를 저어라.

If there is no wind, row.

He who would leap high must take a long run. 높이 뛰려면 멀리 달려야 한다.

He who would leap high must take a long run.

✏️ 문장 연습을 하기 전에 단어를 따라 쓰면서 연습하세요.

longest longest shortest shortest
deserve deserve another another
water water sea sea

✏️ 아래 제시 문장을 보고 따라 써보세요.

The longest way around is the shortest way. 가장 멀리 돌아가는 길이 가장 짧은 길이다.
The longest way around is the shortest way.

One good turn deserves another. 하나의 친절은 다른 친절을 가져온다.
One good turn deserves another.

Better late than never. 하지 않는 것보다는 늦더라도 하는 것이 낫다.
Better late than never.

All water runs to the sea. 모든 물은 바다로 흐른다.
All water runs to the sea.

📝 문장 연습을 하기 전에 단어를 따라 쓰면서 연습하세요.

Charity Charity Respect Respect
Overdone Overdone undone undone
harder harder than than

📝 아래 제시 문장을 보고 따라 써보세요.

Charity begins at home. 자선은 작은 곳에서부터 시작한다.

Charity begins at home.

Respect is greater from a distance. 멀리 있는 것일수록 존경받는다.

Respect is greater from a distance.

Overdone is worse than undone. 지나친 것은 하지 않음만 못하다.

Overdone is worse than undone.

It is harder to unlearn than to learn. 배우기보다 배운 것을 버리기가 더 어렵다.

It is harder to unlearn than to learn.

REVIEW EXERCISES

✏ 아래의 우리말 문장을 보고 필기체로 써보세요.

> 만나 뵙게 되어 기쁩니다.

> 행운을 빕니다.

> 생일 축하합니다.

> 행복한 크리스마스 보내세요!

> 뭐 좀 가져다줄게.

> 무슨 걱정이라도 있니?

누구한테 문자 보내는 거니?

나 그에게 완전 푹 빠졌어.

사랑과 기침은 감춰지지 않는다.

지는 것이 이기는 것이다.

높이 뛰려면 멀리 달려야 한다.

가장 멀리 돌아가는 길이 가장 짧은 길이다.

14 장문 연습

The Fox and the Grapes

One hot summer's day a Fox was strolling through an orchard till he came to a bunch of Grapes just ripening on a vine which had been trained over a lofty branch. "Just the thing to quench my thirst," quoth he.

Drawing back a few paces, he took a run and a jump, and just missed the bunch. Turning round again with a One, Two, Three, he jumped up, but with no greater success.

Again and again he tried after the tempting morsel, but at last had to give it up, and walked away with his nose in the air, saying: "I am sure they are sour."

It is easy to despise what you cannot get.

해석

어느 무더운 여름날, 여우 한 마리가 과수원을 지나다가 높은 가지에 달린 잘 익은 포도송이를 발견했습니다. "목마른 참인데 잘됐군." 여우가 말했습니다.
여우는 몇 걸음 물러섰다가 껑충 뛰어올랐지만 아슬아슬하게 포도송이를 놓치고 말았습니다. 돌아서서 하나, 둘, 셋 하고 다시 뛰어봤지만, 헛수고였답니다. 그렇게 몇 번을 더 시도한 뒤 끝내 포기하고는 코를 킁킁대며 말했습니다. "저 포도는 분명 실 거야."

자신이 가질 수 없는 것에는 반감을 가지기 쉽습니다.

✏ 문장 연습 전에 아래의 단어를 써보면서 익숙해지도록 하세요.

summer's day Fox strolling orchard
Grapes vine trained lofty quench
Drawing tempting morsel despise

✏ 왼쪽 페이지의 문장을 보고 필기체로 써보세요.

The Ass and the Load of Salt

A Merchant, driving his Ass homeward from the seashore with a heavy load of salt, came to a river crossed by a shallow ford.

They had crossed this river many times before without accident, but this time the Ass slipped and fell when halfway over. And when the Merchant at last got him to his feet, much of the salt had melted away.

Delighted to find how much lighter his burden had become, the Ass finished the journey very gayly.

Next day the Merchant went for another load of salt.

🖉 해석

어느 상인이 바닷가에서 무거운 소금 자루를 나귀에 싣고 집으로 오는 길에, 얕은 개울이 흐르는 강가에 다다랐습니다. 줄곧 별 탈 없이 다니던 길이었는데, 강을 반쯤도 지날 때쯤 나귀가 미끄러졌습니다.

상인이 가까스로 나귀를 세웠을 때는 이미 소금이 많이 녹아버린 뒤였죠. 짐이 가벼워져 기쁜 나귀는 흥겹게 돌아왔답니다.

다음날 상인은 다시 소금을 사러 갔습니다.

✏️ 문장 연습 전에 아래의 단어를 써보면서 익숙해지도록 하세요.

Merchant homeward seashore shallow ford river accident halfway melted Delighted find journey gayly

✏️ 왼쪽 페이지의 문장을 보고 필기체로 써보세요.

On the way home the Ass, remembering what had happened at the ford, purposely let himself fall into the water, and again got rid of most of his burden.

The angry Merchant immediately turned about and drove the Ass back to the seashore, where he loaded him with two great baskets of sponges. At the ford the Ass again tumbled over; but when he had scrambled to his feet, it was a very disconsolate Ass that dragged himself homeward under a load ten times heavier than before.

The same measures will not suit all circumstances.

해석

돌아오는 길에 나귀는 지난번 일을 떠올리며 일부러 물에 빠져 또 소금을 많이 잃었습니다.

화가 난 상인은 곧바로 나귀를 몰고 다시 바닷가로 가서 스펀지로 가득찬 커다란 바구니 두 개를 실었습니다. 나귀는 이번에도 개울가에서 굴렀답니다. 하지만 허둥지둥 몸을 일으켰을 때에는 절망적이었습니다. 열 배나 무거워진 짐을 집까지 날라야 했으니까요.

모든 상황에 같은 방법이 적용되는 것은 아니랍니다.

📎 문장 연습 전에 아래의 단어를 써보면서 익숙해지도록 하세요.

Ass happened purposely immediately turned loaded baskets tumbled over scrambled disconsolate dragged suit

📎 왼쪽 페이지의 문장을 보고 필기체로 써보세요.